www.ingramcontent.com/pod-product-compliance
Lightning Source LLC
LaVergne TN
LVHW010424070526
838199LV00064B/5422

ایک بھگوان جو انسان بن گیا

محمد محب اللہ {سوامی آنندہ}

© Taemeer Publications LLC
Aik Bhagwan jo Insaan ban gaya
by: Mohammad Muhibullah
Edition: March '2024
Publisher :
Taemeer Publications LLC (Michigan, USA / Hyderabad, India)

ISBN 978-93-5872-296-3

مصنف یا ناشر کی پیشگی اجازت کے بغیر اس کتاب کا کوئی بھی حصہ کسی بھی شکل میں بشمول ویب سائٹ پر اَپ لوڈنگ کے لیے استعمال نہ کیا جائے۔ نیز اس کتاب پر کسی بھی قسم کے تنازع کو نمٹانے کا اختیار صرف حیدرآباد (تلنگانہ) کی عدلیہ کو ہوگا۔

© تعمیر پبلی کیشنز

کتاب	:	ایک بھگوان جو انسان بن گیا
مصنف	:	محمد محب اللہ {سوامی آنندہ}
پروف ریڈنگ /تدوین	:	اعجاز عبید
صنف	:	سوانح
ناشر	:	تعمیر پبلی کیشنز (حیدرآباد، انڈیا)
سالِ اشاعت	:	۲۰۲۴ء
صفحات	:	۲۶
سرورق ڈیزائن	:	تعمیر ویب ڈیزائن

ایک بودھ بھکشو کے سفر ہدایت کی ایمان افروز آپ بیتی

پہلی بات

بدھ خدا کا اوتار بن کر میں نے ۴۵/ سال مزے میں زندگی گزاری، لوگ میرے پیروں پر سجدے کرتے رہے، پھر ان لوگوں نے میرے خدا ہونے کا یقین کرلیا، اور مجھے بھی اس پر یقین ہو چلا، میں نے زندگی کا ۴۵/ سالہ طویل عرصہ خدائیت کا لُبادہ اوڑھ کر گزارا کہ میں بدھ بھگوان کا اوتار ہوں بدھ کی سات مرتبہ پیدائش ہوئی ہے جن میں سے میں بھی ایک ہوں میرا دعویٰ تھا کہ میں جو بھی کہتا ہوں وہ خدا کا کلام ہے اس پر مجھے یقین بھی تھا صرف مجھے ہی نہیں بلکہ جو بھی زعفرانی کپڑے پہنے ہوئے ہیں وہ سارے کے سارے بدھا بھکشو اسی طرح یقین رکھتے تھے۔ "دنیا کا سب سے عظیم مذہب بدھ مت ہے" اس عقیدہ کے ساتھ میں دنیا کے مختلف ممالک میں اس کی نشرواشاعت کرتا رہا جس کے نتیجہ میں سیکڑوں ممالک میں میرے شاگرد اور مددگار پیدا ہوگئے۔

میرا حقیقی بھائی آج بھی دنیا میں ایک مشہور بدھ سنیاسی ہے وہ امریکہ کے لاس اینجلس شہر میں رہتا ہے میں جب خدائیت کے لُبادہ میں زندگی گزار رہا تھا، اس دور میں ایک مسلمان بھائی اور بدھ مت میں میرے شاگرد ڈاکٹر چیپن ساکن مدراس ان دونوں

کے ذریعہ مجھے اسلام کا تعارف حاصل ہوا اور اسلام کے متعلق مجھے کچھ کتابیں عطا کی گئیں مگر میں نے بے توجہی میں ان کا مطالعہ کیا، لیکن بعد میں قرآن مجید اور محمد ﷺ کی تاریخ و سیرت کا مطالعہ مسلسل جاری رکھا، تو اس وقت میرے دل کی گہرائیوں میں اپنے گناہوں کا احساس پیدا ہوا، جس کے نتیجہ میں خدائیت کا لبادہ اوڑھ کر زندگی گزارنے والا میں، رفتہ رفتہ ایک انسان کے روپ میں آگیا برہماچاری کی زندگی گزارنے والا میں ایک شوہر بن گیا اکیلا ایک جسم والا میں ایک باپ بن گیا، دوسروں کو سلامتی کا راستہ دکھانے والا میں خود سلامتی کی راہ کا طالب ہو گیا، بدھا سنیاسیوں اور چوپایوں کو خدا ماننے والا میں ایک اکیلے اللہ کو حقیقی معبود تسلیم کرنے لگا۔

مختصر یہ کہ میں پہلے خدا تھا آج ایک انسان بن گیا اپنی زندگی کے اول تا آخر حالات آپ کے سامنے مختصر پیش کرتا ہوں۔

میری حالت:

بدھم شرنم گچھامی، دھرمم شرنم گچھامی، سنگم شرنم گچامی

ان اصولوں پر زندگی گزارتے ہوئے میری زبان پر یہی الفاظ اور نعرے مسلسل جاری تھے "میں نے بودھی درخت کے نیچے بیٹھ کر علم حاصل کیا، بدھ سنیاسی، دنیا میں بدھ مت کا پرچارک"

گوتم بدھ:

انسان کو انسانی غلامی سے نکالنے والے، جاہلیت کو ختم کرنے والے آریہ قوم کے ظلم کو مٹانے والے انسان کو امن و سلامتی کا راستہ بتانے والے گوتم بدھ !

برہماچاری لوگ:

بدھ عقیدہ کو زمین میں پرچار کرنے والے لوگ دنیا کی خواہشات نہ رکھنے والے برھماچاری لوگ، درباری انداز میں بدھ ویہاروں میں خوشیوں کی زندگی گزارنے والے لوگ، آریہ ورن آشرم دھرم (ذات پات کے نظام) کے خلاف تلوار لے کر نکلے ہوئے لوگ۔

انسان کون؟

انسان کیا خود پیدا ہوا ہے یا کسی خدا نے اس کو پیدا کیا ہے ؟کیوں موت آتی ہے، موت کے بعد انسان کو کیا ہوتا ہے ؟میرا ضمیر مجھ سے اس طرح کے سوالات کرتا رہا، میرے ذہن میں یہ سوالات کھٹکتے رہے گمشدہ چیزوں کی تلاش کی طرح ان کے جوابات تلاش کرتا رہا جس کی وجہ سے میرے اندر رفتہ رفتہ خواہشات سے نفرت پیدا ہوتی گئی، میں حق کی تلاش میں تھا جس کی وجہ سے میرے دل میں روشنی کی ایک کرن رونما ہوئی پیسہ خرچ کرنے سے نہ حاصل ہونے والا رحم و محبت اور عاجزی میرے دل میں پیدا ہو گئی، میں جس راہ پر چل رہا ہوں وہ صحیح ہے یا غلط، یہ سمجھنے کی تڑپ میرے اندر پیدا ہو گئی اور اسی طرح دیگر مذاہب کو پرکھنے کی آرزو میرے اندر پیدا ہو گئی، ادھیڑ عمر میں میرے اندر

جو فکر رونما ہوئی اس نے میری ماضی کی زندگی پر غور و فکر کرنے کا ایک موقع فراہم کیا، میں ذات کا یادَو سوامی آنند جی کے نام سے مشہور ہوا، ریشم کے تخت پر دربار کے خادم مجھے ایک جگہ سے دوسری جگہ لے جاتے، یہ رہا میرے ماضی کا حال۔

میرا خاندان تامل ناڈو میں رام ناتھ پورم ضلع میں پرم کدی سے قریب آلا کن کُلم میں آباد تھا، پھر میں نے سدّار کوتائی بندر گاہ سے بادبانی کشتی سے برما کا رخ کیا جہاں میرے دادا اپنی فیملی کے ساتھ عیش و آرام کی زندگی گزار رہے تھے، میں یادَو ذات میں پیدا ہوا ہمارے خاندان کا پیشہ مویشیوں اور چوپایوں کو چرانا تھا، مگر میں آج بدھ گرو سوامی آنندا کہلاتا ہوں، معیشت کے لئے برما منتقل ہوا مگر میں نے تمل زبان کو اپنی مادری زبان کی حیثیت سے باقی رکھا۔

میرے والد بچپن ہی سے ایک کٹر بدھسٹ تھے اس لئے بدھ مذہب کے طریقہ کے مطابق میری بھی پرورش کرتے رہے مختلف بدھ مندروں میں مجھے تعلیم دی گئی، مجھے ایک بدھا بھکشو بنانے کی میرے والد کی بڑی آرزو تھی اس کے متعلق انھوں نے سارے فنون سے مجھے سکھلائے، رنگون، تبت، چین، کوریا، کمبوڈیا، جاپان ان سارے ممالک کے بدھ گرووں سے میں نے تعلیم حاصل کی اور ۱۹/ سال کی عمر تک مکمل تعلیم حاصل کرلی اور پھر ایک دن برما کے دوسرے دارالخلافہ منڈلا میں مجھے بدھ مت گرو چانیسرا نے ایشیاء کے پانچ بدھ گرووں میں سے ایک گرو کی حیثیت سے تسلیم کرلیا اور زعفرانی رنگ کا لباس مجھے پہنایا گیا اور بدھ بھکشوں میں مجھے اعلیٰ مقام حاصل ہو گیا، مجھے ٹوکیو جاپان میں بدھ مت گرو "بودھی داسوواسو" نے "ناگاساکی" میں مقرر کیا اور پوری دنیا میں اس مذہب کی نشر و اشاعت کی عظیم ذمہ داری مجھے سونپی گئی پھر ۱۰۱ / گرووں کی صدارت مجھے حاصل ہوئی اس کے بعد میں نے دنیا بھر میں گھوم گھوم کر بدھ مت کی نشر و اشاعت

شروع کی جنوب مغربی ایشیاء کے سترہ ممالک، جہاں بدھسٹ پائے جاتے ہیں اس کے علاوہ یورپ میں بھی بدھ مت کی نشرو اشاعت کی کوشش کرتا رہا،

بدھ مت کی دنیا میں مجھے اتنا بڑا مقام حاصل ہو گیا تھا، جس کی کوئی حد نہیں، پوری دنیا گھومنے کے لئے حکومت کی جانب سے مجھے گرین کارڈ (Green Cards) عطا کئے گئے، جس کی وجہ سے میں عرب ممالک کے علاوہ ساری دنیا گھوم کر اس مذہب کی نشرو اشاعت کرتا رہا۔ میرا حقیقی بھائی سوامی نند آچاریہ آج بھی امریکہ کے لاس اینجلس شہر میں ۶۷/ منزلہ بدھ آشرم میں مٹھ پتی کے منصب پر ہے۔ میں بھی وہاں ساڑھے تین سال تک مٹھ پتی رہا۔

جھاڑ پھونک اور کرامت:

چین، تبت، جاپان وغیرہ میں جھاڑ پھونک کے ذریعہ مجھے بڑی بڑی کرامت حاصل ہوئی تھیں اور ان سے مجھے خاصی شہرت حاصل ہو گئی تھی، اس دور میں جھاڑ پھونک کے ذریعہ ارواح کو مدعو کرنا پھر ان سے پیشین گوئی کروانا میرا عمل تھا، کالی کاڑی، کلکتہ کالی، کیرلا دیوی (یہ علاقائی دیویوں کے نام ہیں) کی پوجا کر کے تانبے کی پٹیوں اور دھاگوں پر پھونک مار کر لوگوں کو دیتا اور دیوتاؤں کو ۱۰۱/ چاندی کے برتنوں میں بند کرتا، میرا وقت نہ گزرتا تو میں اس وقت ان برتنوں کے دیوتاؤں کو باہر نکال کر اندھیروں میں ان سے گفتگو کرتا۔

پھر میں اپنی ملاقات کے لئے آنے والے لوگوں اور ساری دنیا کے بدھسٹوں میں دیوتاؤں کی زبان اور پیشین گوئیاں جاننے والا اور ان سے بات چیت کرنے والا مہا گرو

آنند جی کے نام سے مشہور ہو گیا۔

آشر واد:

مختلف قائدین اور حکمراں اپنے سروں پر میرا پیر رکھوا کر آشر واد لینے کو بہت بڑا نیک فال سمجھتے، سنگاپور کے پہلے راجا کے سر پر پیر رکھ کر میں نے اس کو آشر واد دیا تھا اسی طرح تھائی لینڈ کے راجا برماپو جو چنیسوین کو بھی اس کے سر پر پیر رکھ کر میں نے آشر واد دیا تھا، اسی طرح ہمارے سابق وزیر اعظم راجیو گاندھی اور جاپان کے نائب سلطنت ان دونوں کے سروں پر پیر رکھ کر میں نے آشر واد دیا تھا، شکروار (جمعہ) اور منگل کو سونے کا تخت کھڑا کر کے ایک مٹکا پانی سے جو میرا پیر دھونا چاہتا اس عمل کی قیمت ایک لاکھ روپیہ ہوتی، جس کو پانچ آدمی پیتے، کیونکہ میں خدا کا اوتار ہوں۔

بدھ کا دوسرا جنم:

دیوتاؤں کے صدر خداؤں سے گفتگو کی استطاعت رکھنے والا، ملک اور ساری دنیا میں گھومنے والا میں تھا، لا علاج بیماریوں میں وہ لوگ میرا پیشاب پیتے جس سے ان کو شفا حاصل ہوتی، میرا پیشاب پینے میں کیا غلطی تھی جب کہ میں ان کا خدا تھا۔

کیا انسان خدا ہے؟

میں بودھی درخت کے نیچے چاندی کے تخت پر بیٹھتا ہوں سونا اور پیسہ سامنے رکھ کر اپنے پیروں پر گرنے والے بھگت لوگوں کو میں آشرواد دیتا ہوں وہ لوگ آشرواد کی غرض سے میری تلاش میں نکلتے ہیں ایک آدمی میرے پاس آکر التجا کرتا، گروجی میں خدا کو نہیں دیکھ سکتا آپ ہی وہ عظیم زندہ خدا ہیں، مجھے دنیا کی ساری نعمتیں حاصل ہیں مگر شادی ہوئے پانچ سال کا عرصہ ہوا اولاد سے محروم ہوں، گروجی آپ مجھے بہترین آشیرواد دیجئے، جس کے ذریعہ مجھے اولاد نصیب ہو یہ کہہ کر وہ شخص میرے پیر پر اپنا ہاتھ رکھ کر اس ہاتھ کو اپنی آنکھوں پر ملتا ہے یہاں سے مسئلہ شروع ہوتا ہے۔ میرے آشرم میں مجھے تلاش کرنے والا یہ بھگت بڑا کروڑپتی ہے اس کو اپنے جال میں پھانسنے کی مجھے خواہش ہوتی ہے اس لئے میں ان سے کہتا ہوں کہ آج شام کی پوجا کے بعد تمہیں تعویذ دوں گا سوتے وقت اس کو اپنے تکیے کے نیچے رکھنا آج رات خدا تم سے گفتگو کرے گا کل آکر مجھے بتلانا کہ خدا نے گفتگو کی یا نہیں، اتفاق سے دوسرے دن اس شخص نے میرا دروازہ کھٹکھٹایا اس وقت میرے شاگرد نے جلدی سے میرے پاس آکر یہ خبر دی کہ گرو جی وہ کروڑپتی آیا ہے میں نے شاگرد سے سوال کیا کہ کون سا کروڑپتی؟ اس نے کہا وہی جو اولاد کی غرض سے آیا تھا اور جو تعویذ لے کر گیا تھا۔ فوراً میں زعفرانی کپڑے پہن کر ریشمی پنکھا ہاتھ میں لے کر بھکشو کا برتن پکڑ کر جیسے ابھی بدھا نازل ہوا ہے اس طرح اس آدمی کے سامنے حاضر ہوا وہ فوراً پیر پر گر گیا اور جھٹ سے کہنے لگا کہ خدا نے مجھ سے گفتگو کر لی اور خوشی سے رونے لگا۔

میں تو خدا کو نہیں دیکھتا مگر میرے جھوٹے تعویذ کو پہن کر یہ بےوقوف کہتا ہے کہ خدا نے اس سے کلام کیا اس کی بات سنتے ہی میں حیران و پریشان ہو گیا۔ یہ میں کیا سن رہا ہوں؟ ۴۵/سال سر منڈوا کر، تعویذ اور زعفرانی کپڑے پہن کر برھما چاری کی زندگی

گذار کر، ساری خواہشات کو ترک کر کے سنیاسی بن کر، بودھی درخت کے نیچے ہمیشہ بُدھا بُدھا وظیفہ چیخ کر پڑھنے والا میں، اور تعویذ لینے والوں نے مجھے پس پشت ڈال کر اس خدا سے گفتگو کر لی، کیا یہ انصاف ہے؟ اگر اس کو گفتگو کرنا ہی ہوتا تو مجھ سے گفتگو کرتا، ۴۵/ سال سے میرے بدھ نے مجھ سے گفتگو نہیں کی مگر میرے شاگرد نے ایک تعویذ تم کو دیا تو اس نے کیسے تم سے گفتگو کر لی، پھانسنے والا جب تک رہے گا پھنسنے والے بھی تب تک رہیں گے۔

سوامی کا حال یہ ہے کہ زعفرانی لباس میں تقدس کا روپ دھار کر مہان مقدس ہستیاں اگر پولیس پکڑ لے تو مہا پاپی نکلیں، جن میں مشہور نام برھمانندہ سوامی، چندراسوامی، مارتاانڈتم، جان جوزف وغیرہ ہیں۔

اور میرے اسلاف نے میرے ذہن میں یہ بات بٹھادی تھی کہ مسلمان بزور بازو تبدیلی مذہب کراتے ہیں، اس کے علاوہ وہ میرے اسلاف یادَو ذات سے تعلق رکھتے ہیں جن کا پیشہ چوپایوں کا پالنا اور پرورش کرنا ہے اور ساتھ ہی گائے کو خدا بھی مانتے ہیں میں بچپن میں بدھ مت کا گرو تھا پھر بھی میرے والد اور والدہ اس کو خدا تسلیم کرتی تھیں اور مجھے بھی اس فعل پر ابھارتی تھیں تو مسلمان ایسے خدا کو کاٹ کر بریانی بناتا ہے ایک گرو ہونے کے ناتے اسلام کا مطالعہ میرے بس کی بات نہیں تھی مگر اسی درمیان بعض مسلمانوں سے میرے تعلقات وابستہ ہوئے۔

اسلام نے مجھے گھیر لیا:

چند دن گزرنے کے بعد مسلمانوں سے میرے تعلقات قوی ہوتے گئے اور ساتھ

ہی اسلام کو صحیح طریقہ سے سمجھنے کی سہولیات فراہم ہوتی گئیں چھوٹے رسائل کا مطالعہ جاری تھا، آپ ﷺ کی سیرت کے مطالعہ سے قرآن کریم کو پڑھنے کا ایک شوق اور جذبہ میرے اندر پیدا ہوا۔ پھر قرآن کا مطالعہ شروع کیا یہ دنیا اور ساری مخلوق کے ایک ہی خالق ہیں، اس سے یہ بات مجھے معلوم ہوئی سورج صبح طلوع ہوتا ہے اور شام میں غروب ہوتا ہے، یہ تمام اللہ کے حکم پر ہو رہا ہے یہ بات معلوم ہونے کے بعد اس کی عظیم مخلوقات میں غور فکر کر کے میں تعجب میں پڑ گیا۔ آخر کار اسلامی فکر میرے دل میں رفتہ رفتہ بڑھتی رہی پھر یہ افکار میرے دماغ میں ہلچل مچا رہے تھے اور دماغ کو جھنجوڑ رہے تھے کہ اسلام کو سمجھنا اور اس کو قبول کرنا چاہئے پھر میرے دماغ میں خیال آیا کہ قرآن کریم کا مطالعہ ایک مرتبہ اور کر کے دیکھنا چاہئے یہ جذبہ میرے اندر سے ابھرا، میں یکسوئی کے ساتھ قرآن کے مطالعہ میں غرق ہوتا گیا۔ پھر اس کے ساتھ ساتھ آشرم کے میرے روزمرہ کے معمولات میں عدم دلچسپی بڑھتی گئی، صبح و شام اگربتی اور موم بتی سلگا کر پانی میں پھول ڈال کر "بدھم شرنم گچھامی" کا ذکر کرنا بند ہو گیا۔

نقطہ آغاز:

قرآن کریم کا دو مرتبہ مطالعہ کرنے کے بعد میرا ذہن کھل گیا پھر مجھے معلوم ہوا کہ میں گذشتہ ۳۵/ سال سے گمراہی و جہالت میں تھا ساری چیزیں اللہ کے ہاتھ میں ہیں یہ جاننے کے بعد بھی عیش و آرام کا عادی سوامی عیش کی زندگی چھوڑنے کے لئے تیار نہیں ہوا اور نہ ہی میرے جسم نے اس کو گوارہ کیا، اس دوران ایک دلت قائد میرے پاس آشرواد کے خیال سے آیا میں نے اس کے سر پر پیر رکھ کر آشرواد دیا کہ آپ ۱۲۰/ سال

تک زندہ رہیں گے مگر میرے آشرواد لینے کے ۹۰ / دن بعد وہ انتقال کر گیا اس بات نے میرے دل کو للکارا، آواز دی، جھنجھوڑ دیا، میری زندگی کے انقلاب کا نقطہ آغاز یہ تھا، اسی طرح ایک اور واقعہ بھی پیش آیا: ۱۹۹۱ء کے پارلیمنٹ الیکشن کے دوران سابق پرائم منسٹر راجیو گاندھی کانچی کے شنکر آچاریہ سے آشرواد لینے کے لئے گئے راجیو گاندھی کے سر پر پیر رکھ کر شنکر آچاریہ نے کہا: ۱۰۱ / سال تک آپ زندہ رہیں گے اور یہ بھی آشرواد دیا کہ ہندوستان میں ہمیشہ آپ ہی وزیر اعظم بنیں گے، شنکر آچاریہ کے آشرواد کے ستائیسویں دن راجیو گاندھی سری پورم میں انسانی بم کے ذریعہ فوت ہو گئے۔

یہ دونوں واقعات میرے ضمیر میں کھٹکتے اور للکارتے رہتے کہ میں ایک بدھا سوامی ہوں میں نے جس کو آشرواد دیا وہ ۹۰ / دن میں مر گیا اور ہندو گرو شنکر آچاریہ نے جس کو آشرواد دیا وہ شخص صرف ستائیسویں دن میں انتقال کر گیا، مجھے معلوم ہو گیا کہ یہ آشرواد دینے والا آچاریہ بھی اور بدھا بھکشو بھی جھوٹے خدا ہیں، اس سے زیادہ ذلت اور کیا ہو سکتی ہے۔

اس سے یہ بات واضح ہوتی ہے کہ انسان کسی طاقت کا مالک نہیں زمین پر صرف اللہ کا حکم چلتا ہے اس حقیقت نے میرے دل میں یقین پیدا کر دیا اور میری آنکھیں کھول کر رکھ دیں کہ مجھ جیسے حقیر و ناچیز کو آشرواد دینے کا کوئی حق نہیں۔ یہ بیداری میرے اندر آتی ہی گئی، طویل عرصہ سے پہنا ہوا زعفرانی کپڑا جسم سے اتار کر پھینک دیا اور مجھے یقین ہو گیا کہ اللہ کے سوا کوئی معبود برحق نہیں ہے۔

کیا انسان خدا ہے؟

کیا میں خدا ہوں ؟اسلام نے یہ سوچنے پر مجھے مجبور کیا انسان انسان کی حیثیت سے زندگی گزارے یہی اس کی معراج ہے، انسان سب باتوں سے آزاد ہو سکتا ہے مگر ازدواجی زندگی سے آزاد ہونے سے وہ سڑ گل جاتا ہے، اسلام میں ایک انسان کو چار بیویوں کے ساتھ زندگی گزارنے کا حق ہے ازدواجی زندگی ترک کر کے سنیاسی بن کر سیکڑوں لڑکیوں کے ساتھ زنا کر کے ان کی زندگی برباد کرنے والے اس عظیم گناہ اور ظلم سے اسلام نے مجھے بچالیا۔ میں نے اپنے سر سے زعفرانی کپڑا اتار کر پھینک دیا اور انسان بن گیا۔

گرو اور ان کی بد دعا:

میرے مسلمان ہونے کی خبر پورے بدھ مت کی دنیا میں جنگل کی آگ کی طرح پھیل گئی، وقت کے مہا گرو تبت کے سوامی کو بھی یہ خبر پہنچ گئی حالانکہ وہ میری ہمہ وقت تعریف کرتے رہتے تھے، میرے اسلام قبول کرنے کی خبر ملتے ہی انھوں نے مجھے مدعو کیا، واضح ہو کہ وہ صرف ایک سوامی ہی نہیں تھے بلکہ ایک ماہر جادوگر بھی تھے میں بھی خوشی کے ساتھ ان سے ملاقات کی غرض سے گیا میں نے اپنے حالات ان پر واضح کئے انھوں نے کہا کہ آپ کے قبول اسلام سے بدھ مت کو صرف نقصان ہی نہیں پہنچے گا بلکہ بدھ مت کے عوام میں اضافہ کی جو توقع ہے اس میں بڑی گراوٹ آئے گی اس لئے آپ اپنے فیصلہ پر نظر ثانی کیجئے، میں نے کہا اس فیصلہ میں نظر ثانی کی کوئی گنجائش نہیں ہے اس طرح کا جواب خود میرے تصور میں بھی نہیں تھا کہ میں بھی اس طرح کا جواب دوں گا ایک دور وہ تھا کہ اگر گرو کہیں کہ خرگوش کے تین پیر ہوتے ہیں تو میں آنکھ بند کر کے اس کی تصدیق کر دیتا کہ ہاں ٹھیک ہے تین پیر ہیں، اس وقت یہ جواب سن کر وہ مجھ سے

سخت ناراض ہوئے اور ان کا غصہ حد سے بڑھ گیا اور انھوں نے مجھے بد دعا دی اس سے قبل میں ان کی بد دعا سنتا تو چونک جاتا تھا کپکپی طاری ہو جاتی تھی، مگر اس وقت بد دعا سے مجھے کچھ پریشانی نہیں ہوئی ان کی بد دعا یہ تھی کہ "میری بات کا انکار کر کے اسلام کو ترک نہیں کروں گا" کہنے والا... تو... جا، ایک سو پچاس دن کے اندر تیرا ایک ہاتھ اور ایک پیر مفلوج ہو جائے گا۔ اس طرح کے خرافات کا اسلام میں کوئی مقام نہیں ہے یہ بات مجھے معلوم ہو گئی تھی، لیکن پھر بھی شیطان میرے دل میں وسوسہ ڈالتا رہا کہ شاید کچھ بد دعا کا اثر ظاہر ہو گا، مگر میں نے ان وسوسوں کو نظر انداز کرتے ہوئے اللہ پر بھروسہ کیا اور وہاں سے واپس ہوا اس کے بعد میں ہر دن محتاج ہو کر زندگی بسر کرنے لگا کہ کل کے دن اگر کسی مصیبت میں مبتلا ہوا تو لوگ افواہیں پھلائیں گے کہ یہ اس بد دعا کا اثر ہے، اس خیال سے میں گھبراتا اور ڈرتا رہا اللہ کا شکر اور اس کا فضل ہے کہ ایک سو پچاس دن سلامتی کے ساتھ کسی مصیبت میں مبتلا ہوئے بغیر گذر گئے۔ ایک سو پچاس دن گذرنے سے قبل مجھے مکہ مکرمہ جانے کا موقع ملا۔ الحمد للہ ان کی بد دعا کے بعد میں نے اپنی زندگی میں بہت سی کرامات محسوس کیں اس طرح کی بد دعا کے بعد اکثر لوگ فکر کی وجہ سے اپنی زندگی خراب کر لیتے ہیں اللہ کا فضل ہے کہ ان پُر خطر حالات میں بھی اللہ نے مجھے محفوظ رکھا، صرف اتنا ہی نہیں بلکہ قبول اسلام سے انسان کی زندگی میں بہت سی تبدیلیاں آ جاتی ہیں ان میں ایک چیز دوسروں کو دھوکہ دینے سے اپنے آپ کو روکے رکھنا ہے گزشتہ ۴۵ / سالوں میں ایک بدھ بھکشو کی شکل میں میں نے سیکڑوں لوگوں کو دھوکہ دیا لیکن آج اس برے فعل کو مکمل بھول گیا ہوں اسی طرح میرے اوپر والے گرووں کے ذریعہ مجھے بھی دھوکہ کھانا پڑا میری نئی زندگی میں یہ دونوں برائیاں ختم ہو گئیں زعفرانی کپڑے میں میری طبیعت میں کافی سختی تھی، کلمہ توحید کے اقرار کے بعد ایک نرم دل

انسان بن گیا، اسلام کی وجہ سے میری زندگی میں نئی تبدیلی آگئی تھی۔

کلمۂ توحید کا اقرار:

میں ۳/ اکتوبر ۱۹۹۳ء کو مدراس کی مسجد معمور میں کلمہ توحید کا اقرار کر کے اسلامی سماج میں داخل ہو گیا۔ سوامی آننده سے محمد محبّ اللہ (یعنی اللہ سے محبت کرنے والا) بن گیا، میں نومولود بچہ کی طرح ہو گیا تھا، اللہ کے نزدیک تمام انسان برابر ہیں اس اصول کے ذائقہ کو اپنے اندر محسوس کیا، آج سے مجھے بھی ساری دنیا کی مسجد میں برابر کا حق ہے مجھے بھی سارے مسلمانوں کے ساتھ برابر نماز پڑھنے کا حق ہے، انشاء اللہ

آج کے بعد سے اگر میں دنیا کی کسی مسجد میں نماز پڑھنے کی غرض سے جانے کا فیصلہ کروں تو دنیا کی کوئی طاقت مجھے روک نہیں سکتی جب میں نے اسلام قبول کیا تو میرے دل میں یہ خواہش ہوئی کہ لوگوں کے ساتھ الفت و محبت کے ساتھ رہوں اور اعلان کروں اس بھائی چارگی اور محبت کا، اس تصور سے سرشار اسلام سے متعلق مزید معلومات حاصل کرنے کے لئے میں نے مسلمانوں کی آبادی چدم برناد ضلع کائیل پٹنم کا رخ کیا وہاں میں نے اسلام کو مزید سمجھنے کی کوشش کی اس کے بعد میں نے زندگی کا مقصد متعین کر لیا اب میری زندگی کا مقصد اپنے ایمان کو مضبوط بنانا، اشاعت اسلام کرنا اور لوگوں میں مساوات کا صحیح تصور پیش کرنا ہے۔

قبول اسلام سے قبل مجھے اسلام سے متعلق بہت سی غلط فہمیاں تھیں اسی طرح کی غلط فہمی رکھنے والے آج کروڑوں کی تعداد میں ہیں، جو حقیقت میں اسلام کی نعمت عظمیٰ سے محروم ہیں ایسے ماحول میں ان کو اسلام کی خوبیاں اور اسلامی مساوات کا پیغام دے کر

اسلام اور نیکی کی راہ پر گامزن کرانا اسلام کی حقیقت سے آشنا کرانا ان کی غلط فہمیوں کو دور کرنا اور ان کو اسلام کی طرف مدعو کرنا یہ امت کا فریضہ ہے: کُنتُمۡ خَیۡرَ امة اخرجت للناس تامرون بالمعروف وتنھون عن المنکر وتومنون باللہ (۳:۱۱۰)

متحدہ مقصد کے ساتھ ایک امت ہو کر اس آیت کریمہ پر عمل کریں گے اور اس دین کی نشر واشاعت کریں گے تو سیکڑوں کی آبادی اسلام کے سایہ میں آسکتی ہے۔

محمد ﷺ کی سیرت:

انسانی تاریخ میں نافراموش کردہ اور غیر معمولی شخصیت اگر کوئی ہے تو وہ محمد ﷺ ہیں آپ کی سیرت طیبہ پڑھنے کے لئے دسیوں کتب کا میں نے مطالعہ کیا، تب میری زندگی میں انقلاب برپا ہوا، آپ ﷺ ۵۷۱ء میں پیدا ہوئے آپ کی زندگی کا گہرائی سے اگر کوئی مطالعہ کرلے تو آپ ﷺ کی ساری خصوصیات سمجھ میں آجائیں گی آپ جیسی زندگی گذارنے والی شخصیت روئے زمین پر آج تک پیدا ہی نہیں ہوئی، اس کے علاوہ اور بہت ساری خصوصیات آپ کے اندر پایہ جاتی ہیں، آپ کی ایمانی قوت وجذبہ ایمان، آپ کا اخلاص وباہمی تعلقات، آپس کے معاملات، ایک دوسرے کے ساتھ خیر خواہی، حسن سلوک، عزت وشرافت کا بھرپور خیال، مہمان نوازی کا جذبہ، دوسروں پر رحم وکرم، اور ہمدردی کا احساس، ان تمام خوبیوں کی بناپر آج کی سائنسی دنیا بھی آپ کی تعریف کررہی ہے۔

انسانی زندگی کے لئے ایک آسان طریقہ آپ کی زندگی میں ملتا ہے، اس کے علاوہ کوئی اور نہیں ہے جو یہ نمونہ بن سکے آپ کے مقام ومرتبہ کو اگر معلوم کرنا ہو تو دوسروں

کی تاریخ کا مطالعہ کریں، کہ وہ لوگ انسانوں پر کتنا ظلم و ستم روا رکھتے تھے، وہ بے انصافی اور فسق و فجور میں انتہا کو پہنچ چکے تھے ان کی زندگیاں کیسی تھیں اور آپ ﷺ کی زندگی کیسی تھی یہی نہیں بلکہ قیامت تک کے لوگوں کے لئے آپ کی سیرت ایک نمونہ ہے کردار کا یہ معجزہ صرف آپ ﷺ کی زندگی میں ہمیں ملتا ہے دوسروں کی زندگی میں یہ چیز نظر نہیں آتی، انسانی تاریخ کی ایک عظیم شخصیت نے کیسے اپنی زندگی بسر کی دوسروں کے ساتھ کیسا سلوک کیا اس کا دلائل کے ساتھ میں نے مطالعہ کیا، نبوت سے قبل چالیس سالہ زندگی ایک اعلیٰ اور مثالی زندگی تھی، اس دور میں سماج کی مثالی شخصیت آپ تھے، ہر انسان کے اندر کچھ خوبیاں ہوتی ہیں مگر ساری خوبیاں بیک وقت اگر ایک شخص میں موجود ہیں تو وہ صرف آپ ﷺ ہیں۔

انگریزوں کا اسلام کے خلاف یہ الزام ہے کہ اسلام تلوار کے زور سے پھیلا، در حقیقت یہ سب سے بڑا الزام ہے اس کے جواب میں مِس سروجنی نائڈو نے اپنی لندن کی اسپیچ میں یہ بات بیان کی تھی کہ اسلام کی عظمت دیگر مذاہب کے پیروکاروں کے متعلق نفرت نہیں پیدا کرتی محمد ﷺ کے صحابہ اور ان کے تابعین نے سسلی تک میں حکومت کی اور آٹھ سو سال تک عیسائیوں کی سرزمین اسپین میں حکومت کرتے رہے مگر کبھی بھی ان لوگوں نے ان کی عبادت میں کسی بھی قسم کی کوئی بھی مداخلت نہیں کی یعنی عیسائیوں کو ان کا مقام دیا ان کے ساتھ حسن سلوک کیا عزت و احترام سے پیش آئے اور اچھے تعلقات قائم کئے شاید اس کی وجہ یہ ہے کہ قرآن کریم مسلمانوں کو صبر سکھلاتا ہے صلاح الدین ایوبی کے بارے میں فرانس کے بادشاہ نے اس طرح کہا تھا کہ صلاح الدین کے بارے میں مجھے تعجب ہے کہ وہ کیسے اتنا اچھا انسان بنا، حالانکہ اس کے اوپر کسی قسم کی کوئی زبردستی نہیں ہے، میرا دل مجھ سے کہتا ہے کہ تم بھی مسلمان بن جاؤ۔

تھامس آرنلڈ نے کہا سارے مذاہب میں صرف اسلام ہی ساری خوبیوں سے بھرا ہوا ہے عوام کی زبان سے اسلام پھیلا ہے، مالی امداد ملنے پر کام کرنے والے مبلغ، رقم کے لئے نشر و اشاعت کرنے والے لوگ اسلامی تاریخ میں نہیں ہیں سیکڑوں تجار کے ذریعہ اسلام پھیلا ہے افریقہ، چین وہاں اسلام پھیلنے کی اصل وجہ قرآن کی علمی روشنی ہے اس روشنی کو پھیلانے والے وہاں کے مسلم تجار تھے۔

پنڈت سندر لال نے کہا کہ محمد ﷺ نے فتح مکہ کے موقع پر ایک ایسا کارنامہ انجام دیا جس کو تاریخ کبھی فراموش نہیں کر سکتی زندگی بھر آپ کو ستانے والے تکالیف دینے والے، ظلم و ستم کرنے والے، بے عزتی کرنے والے سارے لوگوں کو معاف کر دیا، یہ دنیا کی فوجی کارروائیوں میں ایک مثالی واقعہ ہے ہندوستان کے مشہور مورخ لالہ اشوری پرشاد کہتے ہے مسلمان وسیع النظر تھے اگر وہ لوگ حقیقت میں ظالم ہوتے تو اتنی طویل مدت تک ہندوستان میں ان کے لئے حکومت کرنا ناممکن تھا، پوری دنیا اور ہندوستان میں بھی ان کے عقیدہ کے مطابق وہ لوگوں کے ناصح رہے ہندوستان کی مذہبی چیزوں میں وہ لوگ کبھی آڑے نہیں آئے، مذہبی مسئلہ میں بھی کبھی انھوں نے ہندوؤں پر زبردستی نہیں کی غیر مسلموں کے ساتھ وہ رحم و کرم کے ساتھ تعاون کرتے رہے۔

میرے دل کو بدلنے والا قرآن:

میں نے قرآن کریم کا مسلسل مطالعہ جاری رکھا جس کی وجہ سے میری روح زندہ ہوئی، قرآن ایک ایسی کتاب ہے جس کے اندر انسانی زندگی کے ہر معاملہ کے لئے معتدل رہنمائی پائی جاتی ہے جس کے علمی دلائل مجھے امیدیں دلا رہے تھے، سنیاسی ہونے کی وجہ

سے یہ تجربہ میرے دل کی گہرائیوں میں اتر گیا اب میں اپنی پرانی داستان یعنی جس مذہب کو میں نے اختیار کر رکھا تھا اس مذہب کی حقیقت آپ کے سامنے رکھنا چاہتا ہوں۔

گوتم بدھ اور بدھ مت:

گوتم بدھ کی طرح پانچ سماجی انقلابی شخصیات ایشیا میں پیدا ہوئیں۔
(۱) تین ہزار سال قبل سوراشٹر ایران میں پیدا ہوا۔
(۲) دو ہزار چار سو پچاس سال قبل Logos چین میں پیدا ہوا۔
(۳) دو ہزار چار سو پچاس سال قبل کنفیوشیاس چین میں پیدا ہوا۔
(۴) دو ہزار چھ سو سال قبل گوتم بدھ ہندوستان میں پیدا ہوئے۔
(۵) دو ہزار سال قبل یسوع مسیح فلسطین میں پیدا ہوئے۔

570ء میں آپ ﷺ پیدا ہوئے، اور قبل مسیح میں ۵۷۳ میں گوتم بدھ ہندوستان میں پیدا ہوئے، گوتم بدھ ۲۹ /ویں سال کی عمر میں دربار چھوڑ کر نکل گئے، اور سنیاسی بن گئے، ۳۵ ویں سال میں بودھی درخت کے نیچے ان کو گیان ملا، ۳۶ / سال کی عمر میں کاشی ندی کے کنارے ندی سے ڈھائی کلو میٹر دور سارناتھ نامی جگہ پر آریہ تہذیب کے ورن آشرم دھرم (ذات پات کا نظام) کے ظلم کے خلاف اپنے شاگردوں کے درمیان پہلی تقریر کی ۴۵ / سال میں شمالی ہندوستان میں بت پرستی اور خدا کے نام پر بے تحاشہ جانوروں کی بلی دینے کے خلاف آواز اٹھا کر انقلاب برپا کیا۔

بدھ مت کے چند بنیادی اصول:

جھوٹ نہ بولیں، زنانہ کریں، نشہ کی چیز استعمال نہ کریں، اہنسا (عدم تشدد) کے اصول پر چلیں، گناہوں سے دور رہیں بت پرستی کی مخالفت کریں۔

ان چیزوں کے لیے گوتم بدھ نے زندگی کا بیشتر حصہ صرف کیا ایودھیا سے ۲۵۰ / کلومیٹر دور کشی نگر کے مقام پر ۸۲ / سال کی عمر میں انتقال کر گئے۔ گوتم بدھ کی زبان پالی زبان تھی اور بعد میں بدھا کے نام سے ایک کتاب لکھی گئی۔

گوتم بدھ انسان ہو کر پیدا ہوئے تھے بعد میں شادی کی پھر سنیاسی ہو گئے اور انصاف کی خاطر اپنی زندگی قربان کر کے انتقال کر گئے۔ ان کے انتقال کے بعد لوگ انھیں کو خدا بنا بیٹھے بدھ ایک درباری سنیاسی تھے وہ آرین قوم کے شاستر اور پرانوں کو نہیں مانتے تھے۔ ملک کے حالات پر اپنی عقل سے انھوں نے مشورہ دیا بدھ اپنی زندگی میں آریہ لوگوں کے مخالف رہے لیکن ان کے مرنے کے بعد اس مذہب میں آرین تہذیب کو ملایا گیا، جس کی وجہ سے مہایان اور ہینایان وجود میں آئے آریہ قوم کی چالاکی و مکاری سے ہندوستان کی زمین سے بدھ مت کو مٹایا گیا، اس دور میں جنوبی ہند کے ناگ پٹنم علاقہ میں ہزاروں بدھ بھکشوں کو آریہ برہمنوں نے پھانسی پر لٹکایا اب اس وقت ایشیا کے مختلف ملکوں میں مختلف شکلوں میں اس مذہب پر لوگ عمل پیرا ہیں جس کی تفصیل مندرجہ ذیل ہے:

مہایان تبت میں، ہینایان برما سیلون اور تھائی لینڈ میں جمبوت جاپان میں، کرین بوت شمالی برما میں۔

ہندوستان سے باہر نکل کر ایشیائی ممالک میں بدھ مت مختلف فرقوں میں بٹ گیا، ہندوستان میں ورن آشرم کی ملاوٹ کے ساتھ باقی رکھا گیا سیلون بدھ مت کا ایک ملک

ہے مگر وہاں بھی نچلی ذات کے لوگوں کے لئے بدھ وہار دیہاتوں میں تھے اور اونچی ذات کے لوگوں کے لئے مخصوص سنگ راج بدھاوہار (محل نمابدھ مندر) شہروں میں تھے اس طرح دراوڑین اور مختلف ذات والے آزادی کی خاطر بدھم شر نم کا نعرہ بلند کرتے، جمعہ کے دن ماری امّن (ماری اماں) مندر میں پیٹ بھر کھانے کے بعد بدھ مت ہمارا ہے ہمارا ہے" کے نعرے بلند کرتے۔ کیا یہ بدھ مت ہم کو آزادی دے گا؟

آزادی کا راستہ:

آزادی چاہنے والے میرے دوستو! کہاں تم کو آزادی ملے گی، گمراہی اور ضلالت کی راہ پر تم بھاگ رہے ہو دوڑ رہے ہو بھاگو بھاگو جہاں جی چاہے بھاگو لیکن اگر تمہیں دلت بدھسٹ کے جال سے نکلنا ہو تو اپنے مذہب کو ترک کر کے اسلام کے سایہ تلے آ جاؤ ۔میرے دلت بھائیو! تم پریا بدھ نہیں ہو اور نہ ہی تم پلا بدھ ہو (یہ ندوں کی ذاتیں ہیں) تم اس زمین میں پیدا ہوئے انسان ہو اور انسان کی قدر تمہیں اسلام ہی میں ملے گی، "چلو تم اسلام کی طرف "نامی کتاب کے اندر اس کے مصنف اور کمیونسٹ لیڈر "کوڈیکال چلاپہ" نے خود اسلام قبول کرنے کے بعد اس طرح لکھا ہے:

اچھوت گاندھی سے پہلے بھی تھے، گاندھی کے بعد بھی تھے، آج بھی ہیں کل بھی رہیں گے اس لئے دراوڑ ذات کے لوگو! چلو تم لوگ اسلام کی طرف تمہاری آزادی صرف اور صرف اسلام میں ہے۔

آل انڈیا دلت ورکرس پارٹی کے جنرل سکریٹری ڈاکٹر چیپّن (MBBS) کا یگمور (مدراس) کے سری لنکابدھ وہار میں پوجا کے لئے برابر آنا جانا رہتا تھا، ایک مرتبہ

انھوں نے وہاں کے ہال میں امبیڈکر جینتی کا پروگرام رکھنے کی اجازت طلب کی وہاں کے بدھ گرو سوامی نند جی شاستر نے کہا کہ آپ سارے پر یابدھسٹ لوگوں کو صرف ذات پات بھولنے کے لئے بدھم شرنم کا منتر کہنا ہے، اس طرح اس نے ذات کی وضاحت کے ساتھ نفی میں جواب دیا۔ تو ڈاکٹر چیپّن بدھ وہار سے نکلے اور بڑی حسرت بھری آہ بھر کر کہا کہ جب مجھ جیسے لیڈر کے ساتھ اس جیسا سلوک روا ہے تو میری ذات کے عوام کی حالت کیا ہوگی، اس کے بعد انھوں نے ایک کتاب لکھی "مکمل آزادی کے لئے صرف اسلام" اسلام کی آزادی، مساوات اور بھائی چارگی نے میرے دل کے اندر گہرا اثر ڈالا، اس تعلق سے میں اپنے سفر حج کے کچھ احساسات پیش کرتا ہوں۔

حج کا سفر:

سفر حج کے تاثرات آپ کے سامنے رکھتے ہوئے مجھے بڑی خوشی و مسرت ہو رہی ہے مختلف ممالک سے کعبۃ اللہ کے طواف کے لئے بیس لاکھ افراد آئے ہوئے تھے اور ان کے ساتھ سعودی عرب کے بیس لاکھ افراد بیک وقت ایک ہی آواز میں اللہ اکبر اللہ اکبر کا نعرہ تکبیر بلند کر رہے تھے یہ میرے لئے تعجب خیر منظر تھا چالیس لاکھ کا یہ مجمع جو اطراف کعبہ میں جمع تھا اس میں کسی طرح کی چھوت چھات اور فخر و غرور کی کوئی شی نظر نہیں آتی تھی کیونکہ میں ذات پات کے نظام کے درمیان زندگی کا ایک طویل عرصہ گذار چکا ہوں مگر اب یہ منظر میرے دل کی گہرائیوں میں اترتا چلا گیا سفید رنگ کے عربی، کالے رنگ کے جاپانی، سفید رنگ کے جاپانی، گورے رنگ کے ہندوستانی اور کالے رنگ کے ہندوستانی، گویا ساری دنیا کے لوگ ایک ہی لڑی میں پرودیئے گئے ہیں، اطراف کعبہ

میں صف باندھ کر نماز پڑھنے کی کیفیت بھی بڑی عجیب تھی، یہ انسانی تاریخ کی تاریخوں میں ہی نہیں بلکہ آج کی نئی دنیا میں بھی ایک حیرت انگیز مثالی اجتماع تھا اسلام کی تعلیمات الفت و محبت، بھائی چارگی اور اعلان مساوات جس کا عملی تجربہ سفر حج میں مجھے حاصل ہوا وہ میرے دل و دماغ کے ریشہ ریشہ میں سرایت کر گیا۔

مسلمانوں کے نام میرا پیغام:

مسلمانو !اَلَا فَلْيُبَلِّغِ الشَّاهِدُ الْغَائِبُ (الحدیث) یعنی ''تم میں کا حاضر غائب تک اس پیغام کو پہنچائے'' اس حدیث کے مصداق بن جاؤ۔ اگر آپ لوگ اس وصیت پر عمل پیرا ہو گے تو اسلام ساری دنیا میں کامیاب ہو جائے گا اور دنیا وَرَاَیتَ الناس ید خلون فی دین اللہ افواجاً کا منظر پیش کرے گی، انشاء اللہ لیکن شرط یہ ہے کہ تم لوگ اللہ کے دین کا نمونہ بن جاؤ اور دنیا کے سامنے عمل سے یہ ثابت کر دو کہ اسلام ہی نجات کا واحد راستہ ہے، یا رب العالمین مجھے اور اس امت کو اس عظیم امانت کو دوسروں تک پہنچانے کی توفیق عطا فرما اور ہمیں آخرت کے عذاب سے نجات دے۔ آمین

اب میں اپنی زندگی کا بقیہ حصہ اس پیغام کو دوسروں تک پہنچانے کے لئے وقف کروں گا اور انشاء اللہ اسی راہ پر آخری سانس تک چلتا رہوں گا۔ والسلام

آپ کا اسلامی بھائی، محب اللہ، مدراس

***

منتخب تاریخی اسلامی شخصیات پر سوانحی مضامین

اجالے ماضی کے

مصنف : ڈاکٹر ابوطالب انصاری

بین الاقوامی ایڈیشن منظر عام پر آچکا ہے